अलग होना गलत नहीं

शेरोन पुर्तिल

सुजाता साहा

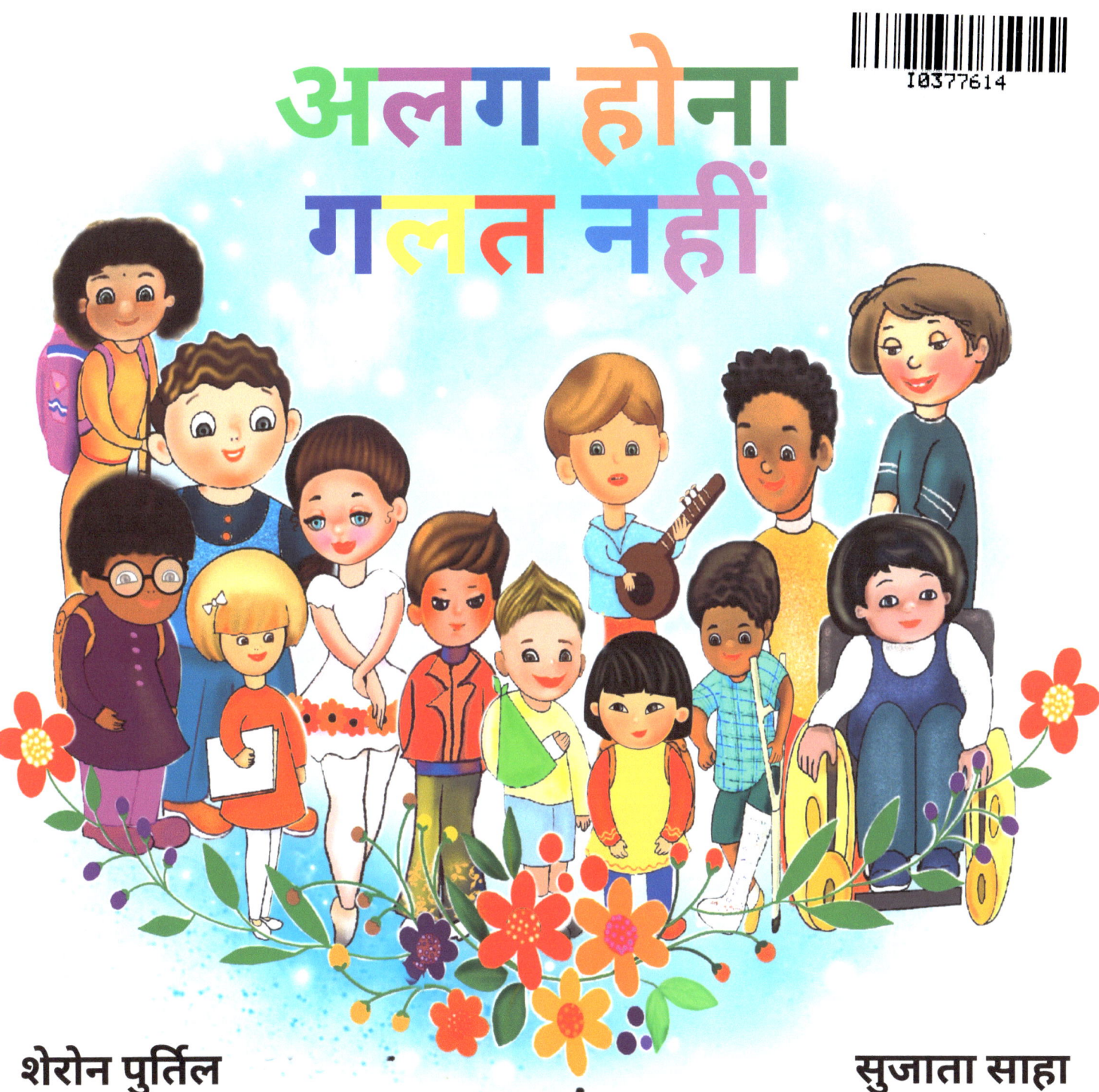

अलग होना गलत नहीं

विविधता और दयालुता दर्शाती बच्चों की चित्रों भरी पुस्तक

कहानीकार शेरोन पुर्तिल
चित्रकार सुजाता साहा
अनुवादक सुजाता साहा

डनहिल क्लेयर पब्लिशिंग द्वारा प्रकाशित - ओंटारियो, कनाडा
कॉपीराइट 2021 डनहिल क्लेयर पब्लिशिंग
dunhillclare@gmail.com

सर्वाधिकार सुरक्षित। इस प्रकाशन का कोई भी हिस्सा कॉपीराइट धारक की पूर्व अनुमति के बिना किसी भी रूप में या किसी भी माध्यम में, इलेक्ट्रॉनिक, मैकेनिकल, फोटोकॉपी, रिकॉर्डिंग या संग्रहित पुनर्प्राप्ति प्रणाली में संग्रहीत, प्रसारित या प्रकाशित नहीं किया जा सकता है, सिवाय इसके कि जब एक संक्षिप्त समीक्षा में सम्मिलित या उल्लेखित हो।

अलग होना गलत नहीं हिंदी संस्करण
Based on the English book: It's OK to be Different by Sharon Purtill

एक चित्रों से भरी पुस्तक जो दया और करुणा को बढ़ावा देते हुए बच्चों में विविधता को प्रोत्साहित करती है. प्रीस्कूल और प्रारंभिक कक्षाओं के लिए उपयुक्त.

हार्डकवर संस्करण ISBN 978-1-990469-13-8
पेपरबैक संस्करण ISBN 978-1-990469-12-1
डिजिटल संस्करण ISBN 978-1-990469-14-5

पुस्तकालय और अभिलेखागार कनाडा प्रकाशन में कैटलॉगिंग

अलग होना गलत नहीं

यह पुस्तक हर उस बच्चे के लिए

है जो अपने अलग होने से नहीं डरता,

और अपने आस पास की अद्वितीय

विविधता को सराहता है।

हम सब अलग हैं.

हर कोई अलग है एक दूसरे से- सच है,
मैं जो कहूं!

तुम और मैं, दिखते और होते जो एक से,
तो कैसे जानते, तुम- तुम हो, और मैं- मैं हूं?

कुछ बच्चे करे तैराकी,

कुछ है पर्वतारोही.

नृत्य किसी के मन लुभाई,

साइकिलिंग
किसी को भाई.

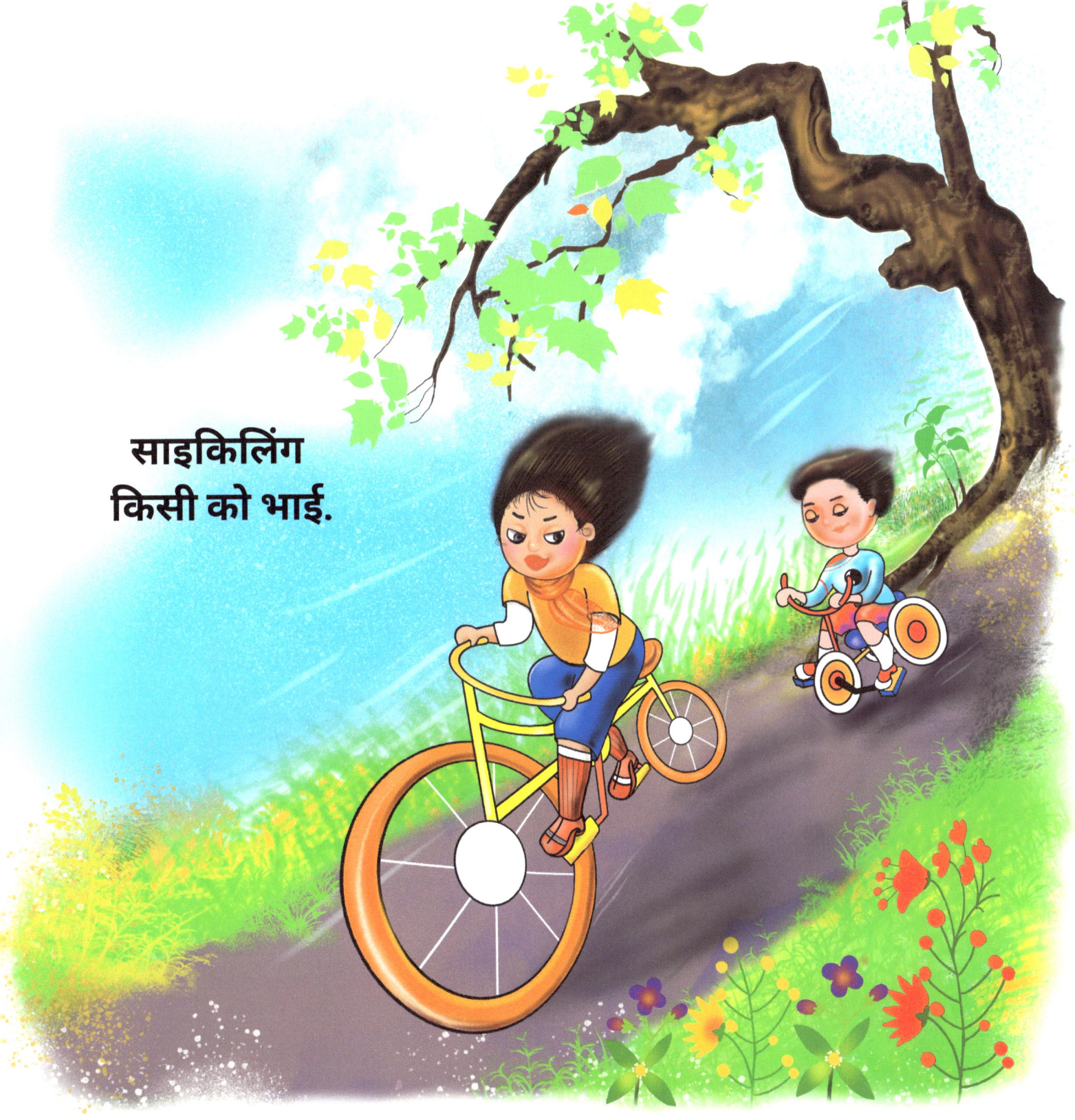

हम सब अलग हैं.

कोई बच्चा पसंद करे नीला,
तो किसी को प्यारा है पीला.

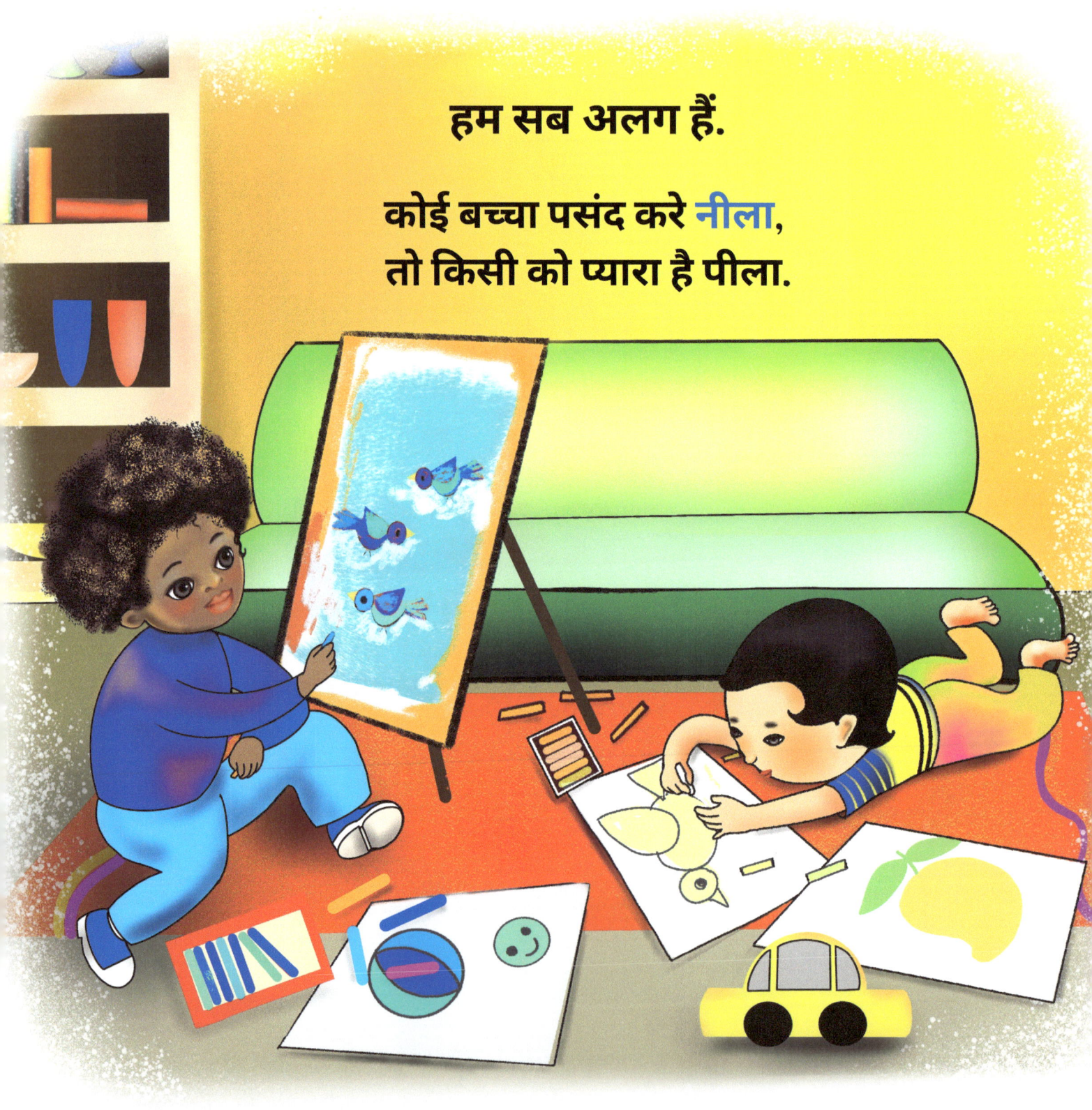

या फिर, इस छुटकू जैसे
भाए तुम्हे गुलाबी
रंग रंगीला.

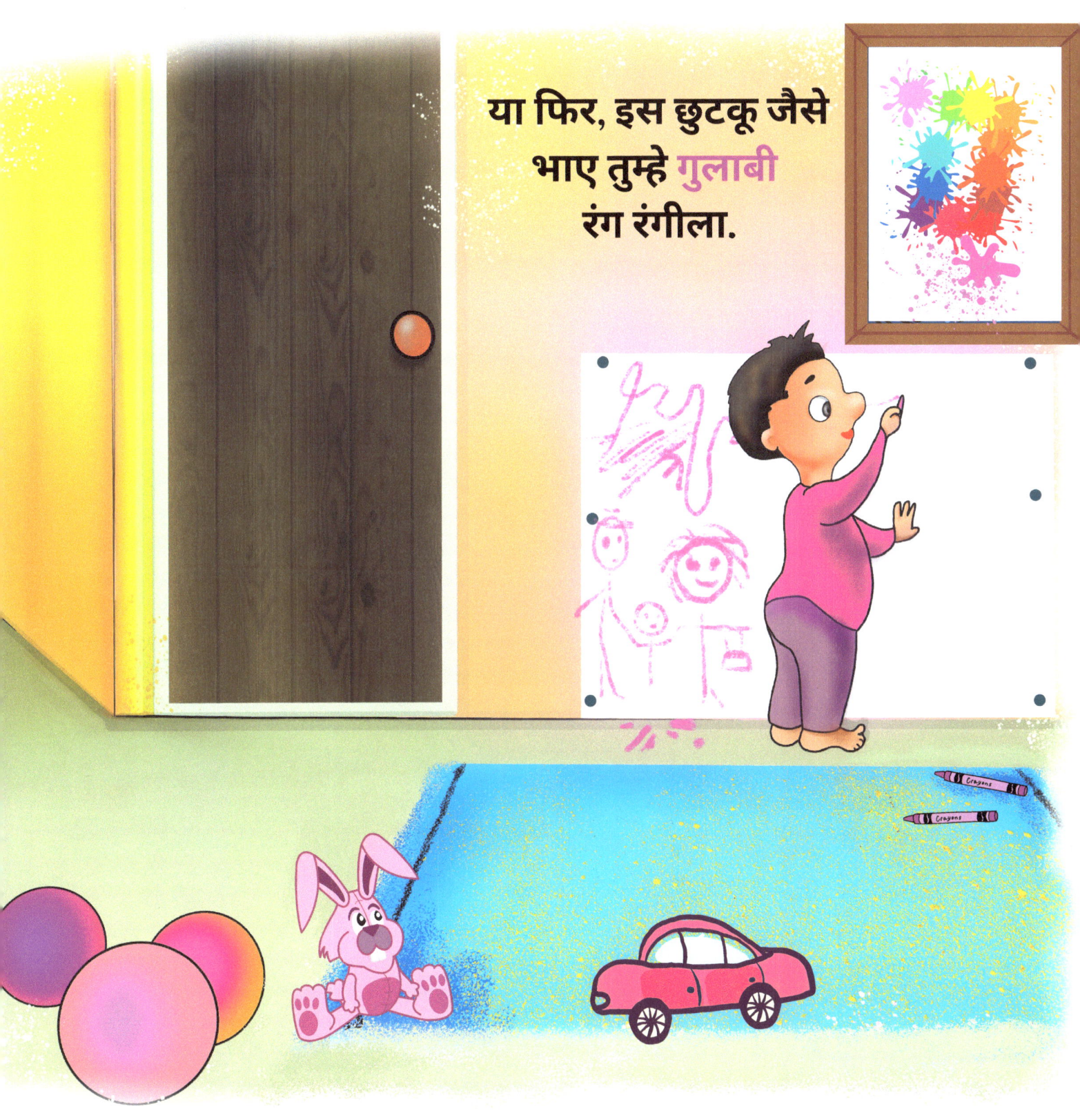

कुछ बच्चे प्यार से बनाए ईंटों की मीनार.

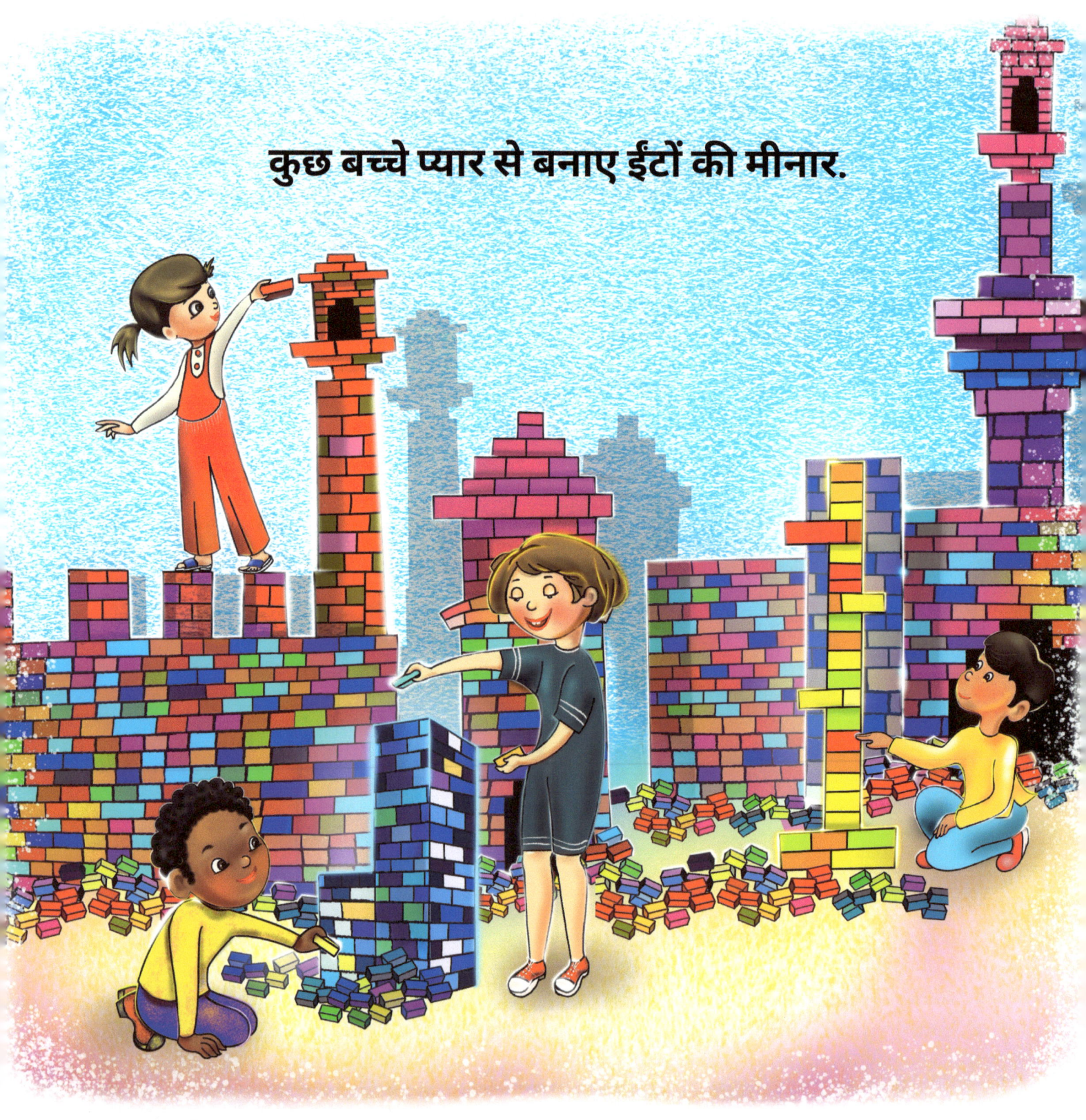

कुछ के जुराबों में रंगीन धारियों की बहार.

हम सब अलग हैं.

कुछ बच्चों के सुनहरे बाल,
गेंहुआ है किसी के गाल.

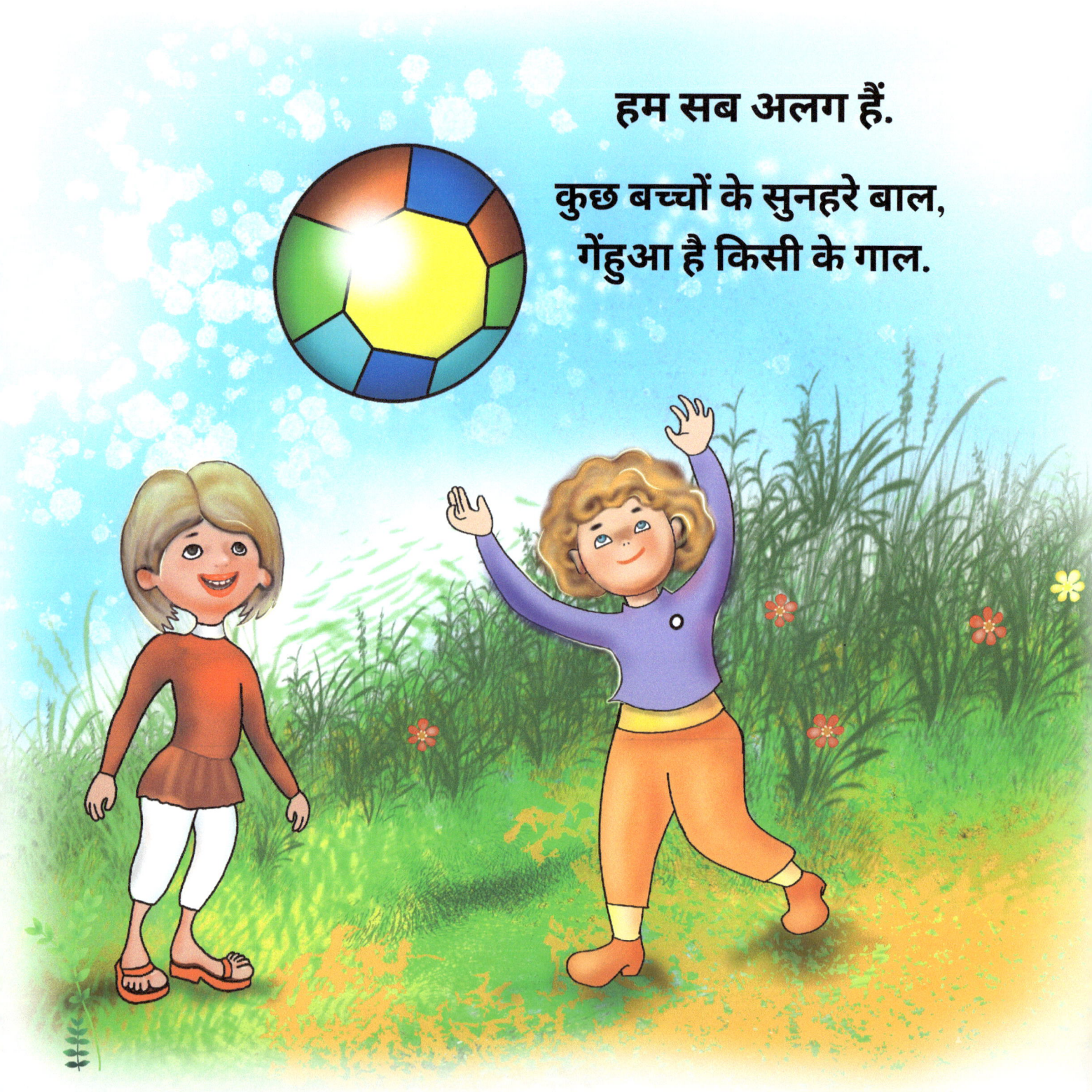

कुछ सांवले सलोनों के काले काले बाल

बड़न बड़के, कुछ प्यारे पुचके.

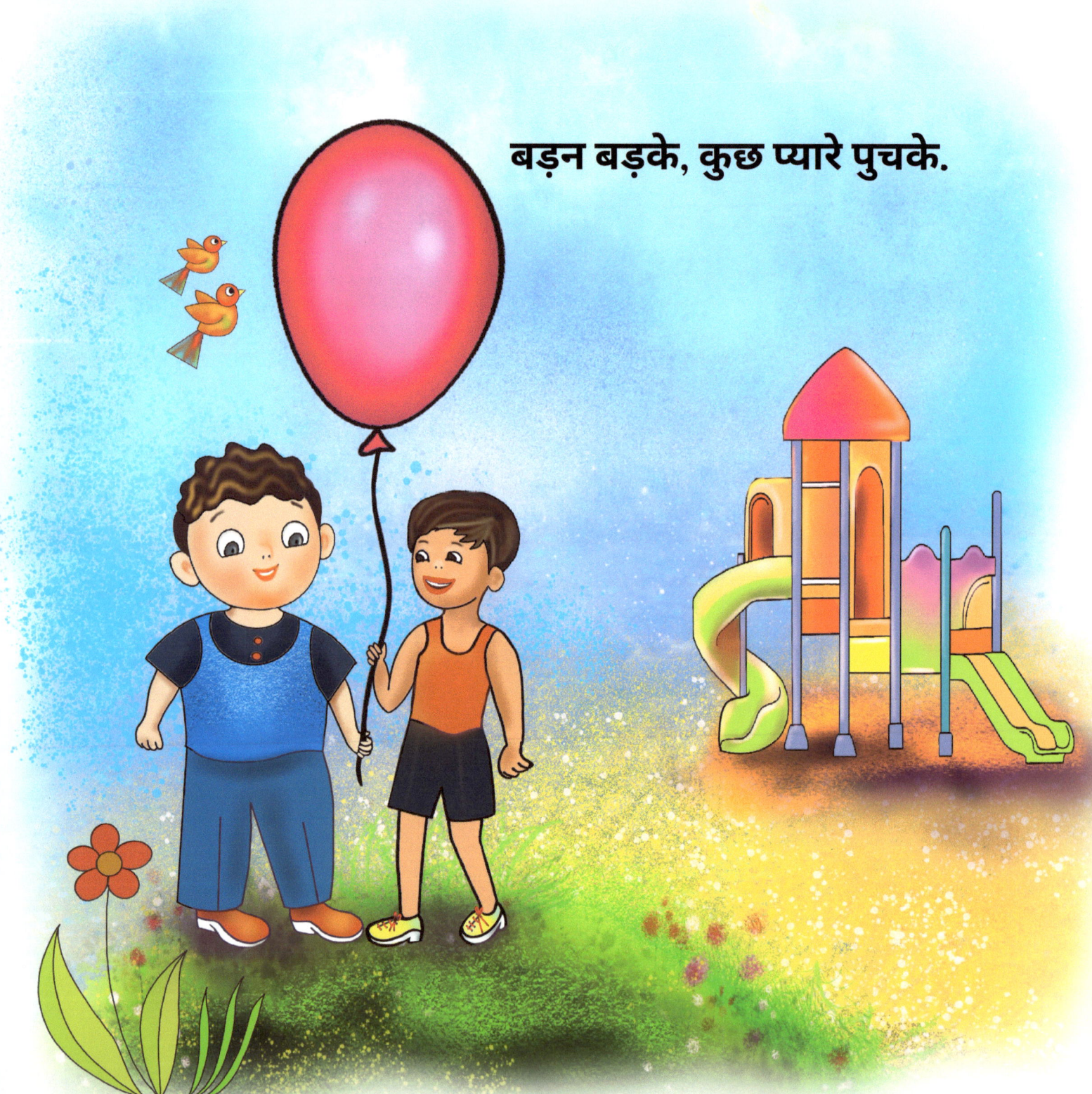

छुटकू छुटके, लंबे लड़की लड़के!

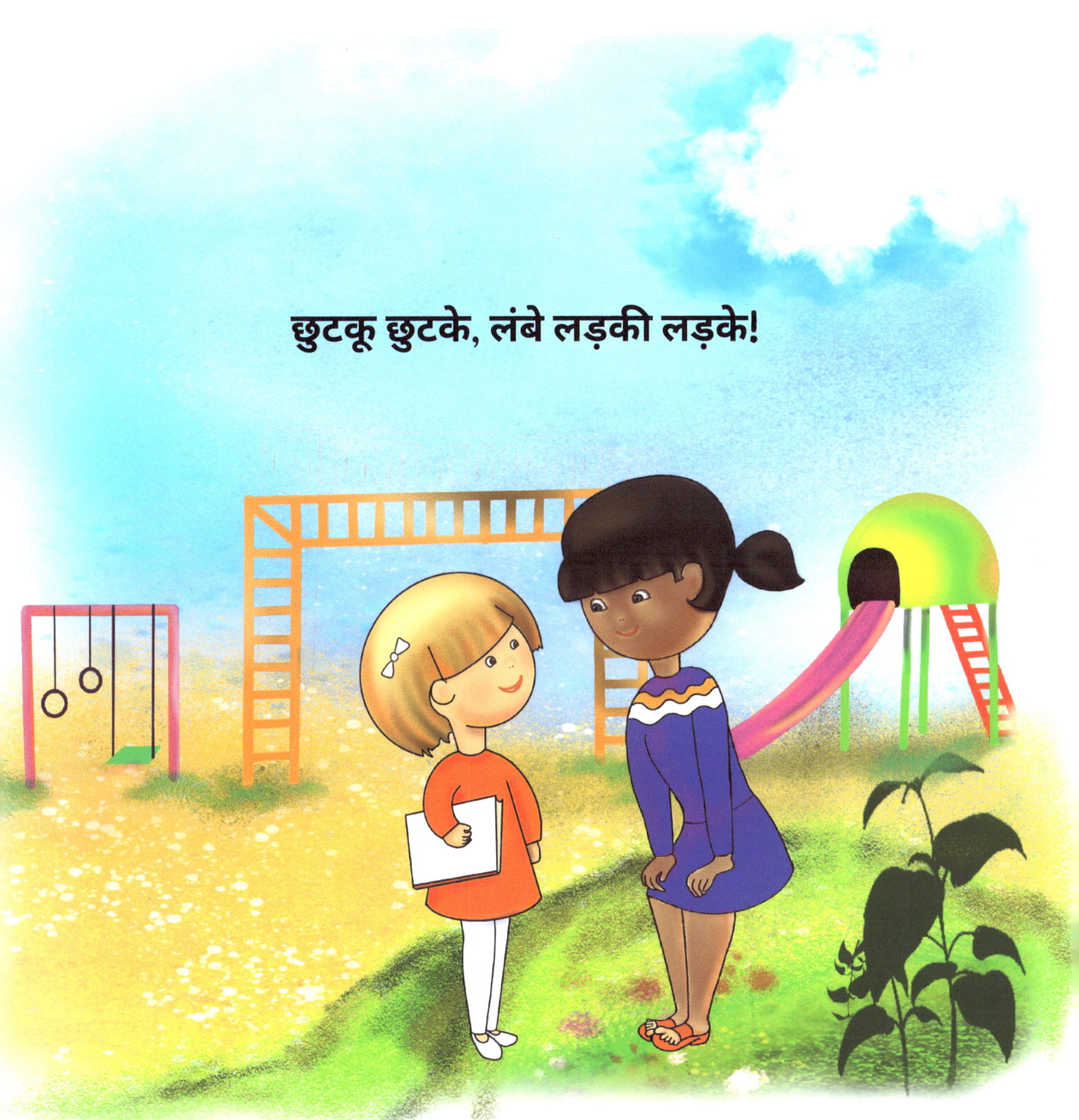

हम सब अलग हैं.

कोई पढ़े गणित, कोई है वैज्ञानिक.
कोई चुने सबसे अलग ही लीक.

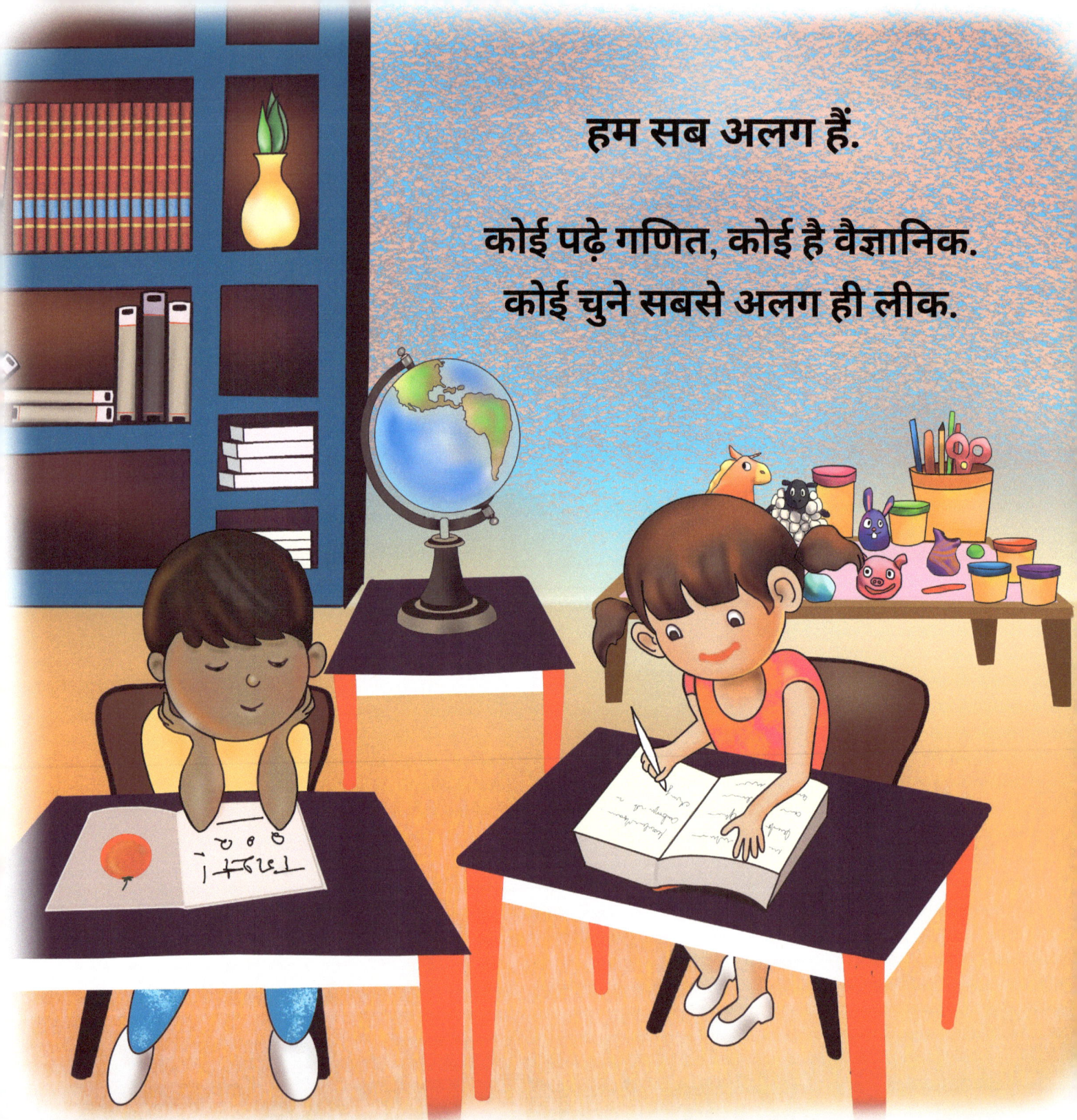

खेल कूद और संगीत के कोई नवाब.
कोई गाए, कोई बजाए और बने नायाब.

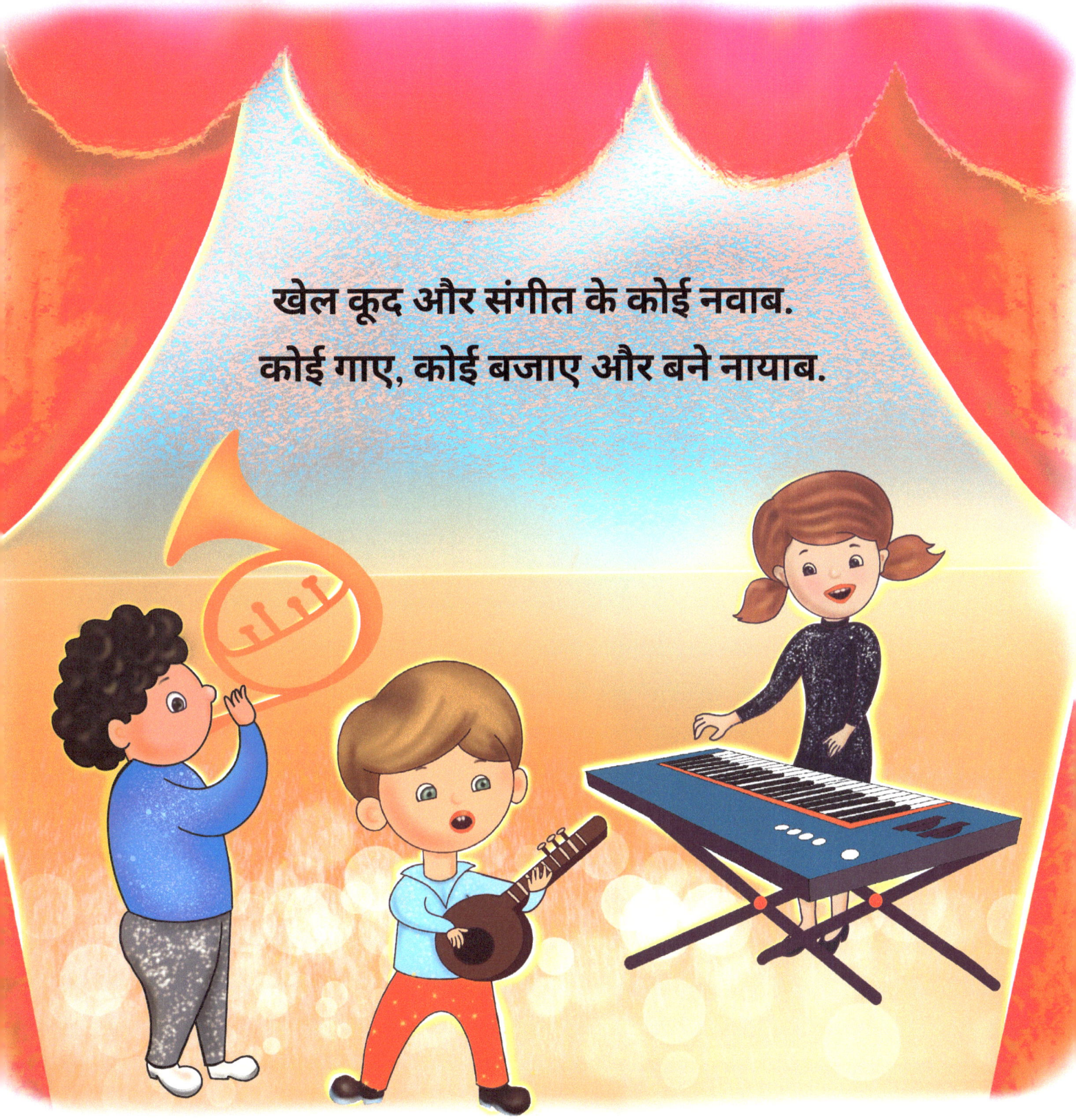

हम सब अलग हैं.

कोई देखे दुनिया पहन कर चश्मा.
बातों के अलग लहजे से कोई बिखेरे करिश्मा.

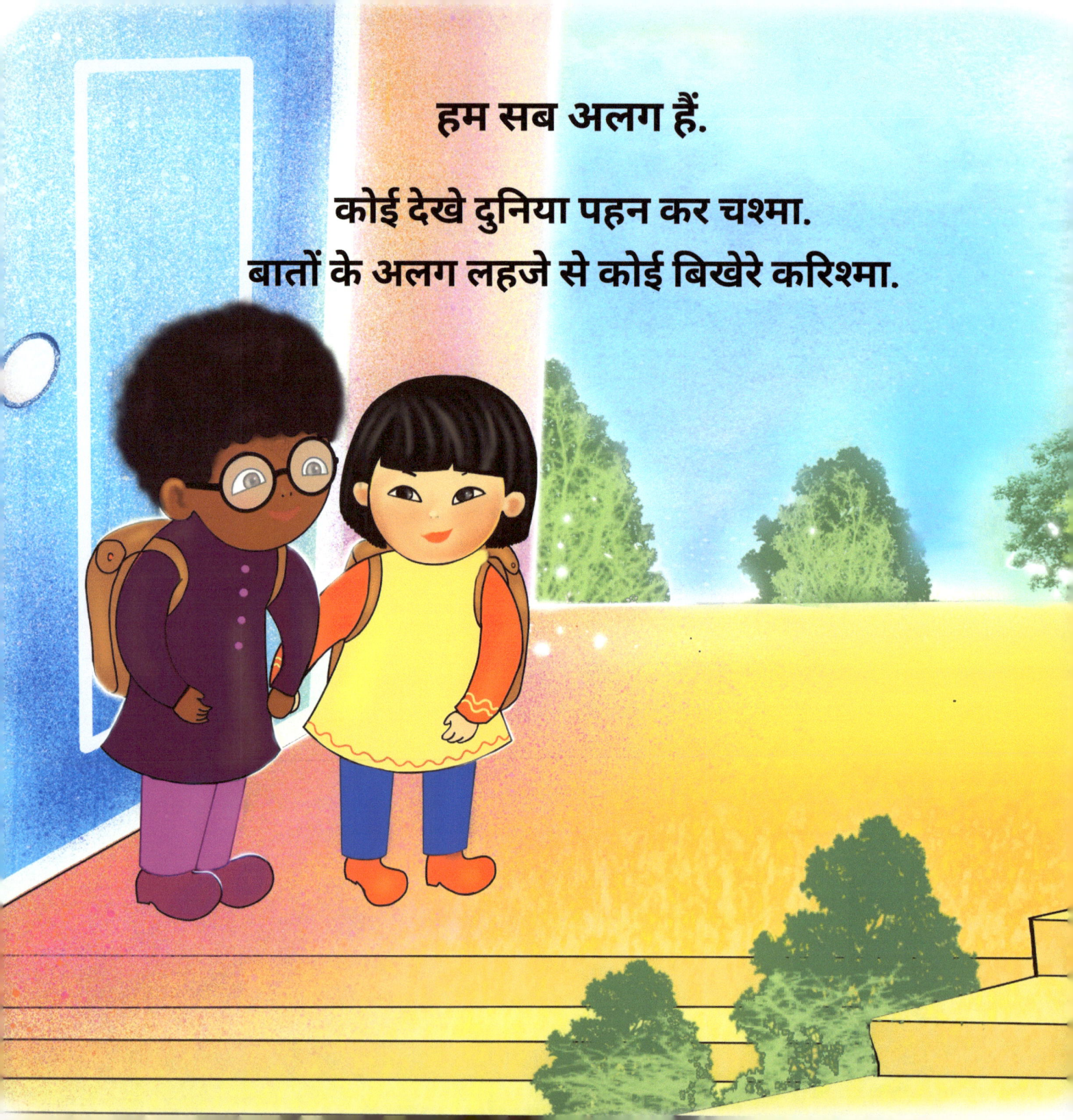

व्हीलचेयर से कुछ बच्चों का वास्ता.

वो चुने रैंप, बाकी ले सीढ़ी का रास्ता.

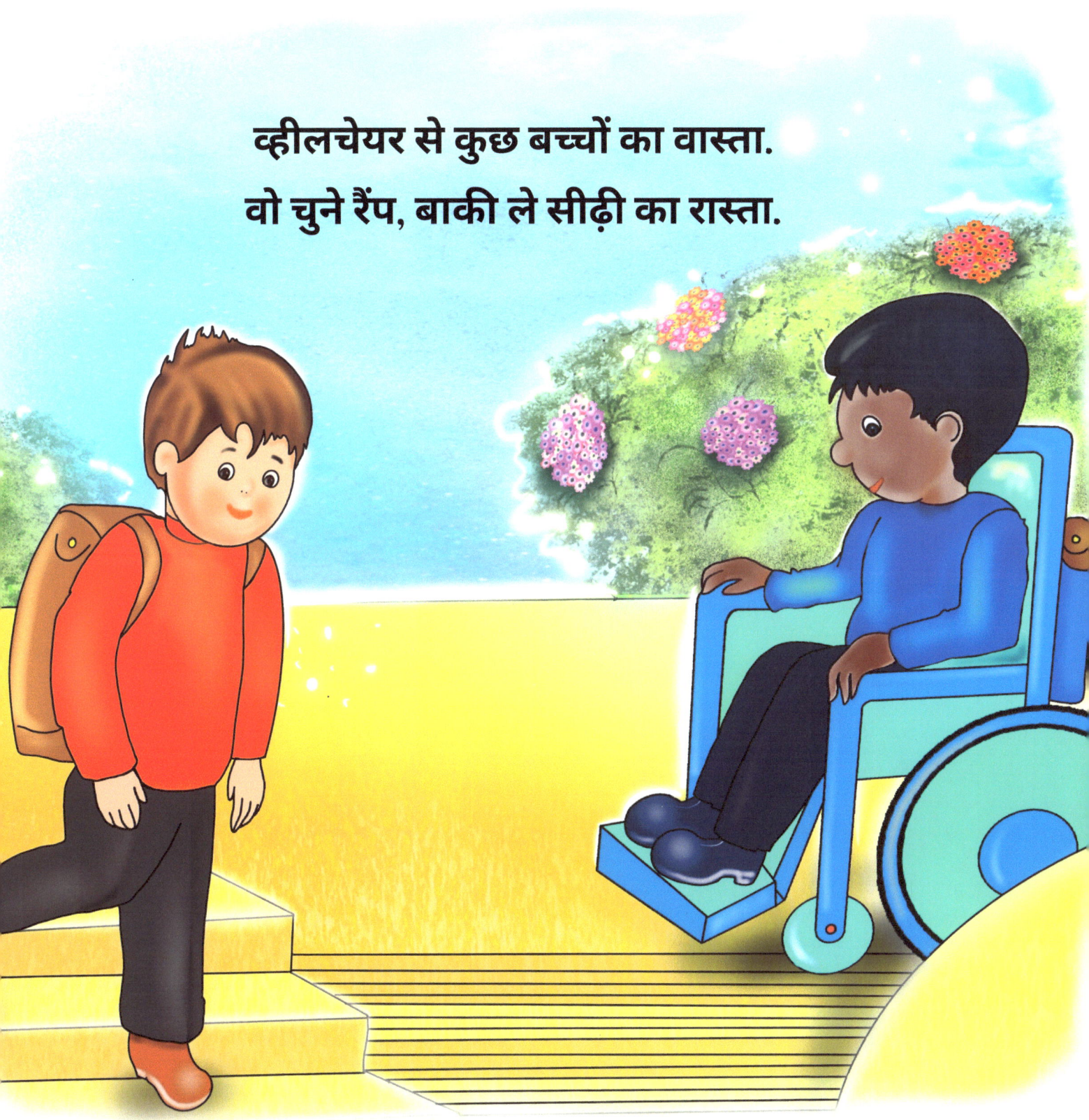

हम सब अलग हैं.

चश्मे, बैसाखी, व्हीलचेयर, हाथों में पट्टी, जो देखो बरखुरदार,
इनमें से किसी का मज़ाक ना उड़ाना, खबरदार!

भले ही अलग है हमारी आवाज़,
आदतें और नैन नक्श.

हर बच्चा एक शख़्सियत है,
तुम्हारे ही जैसा एक शख़्स.

रखो मन में दया सबके लिए सदा.

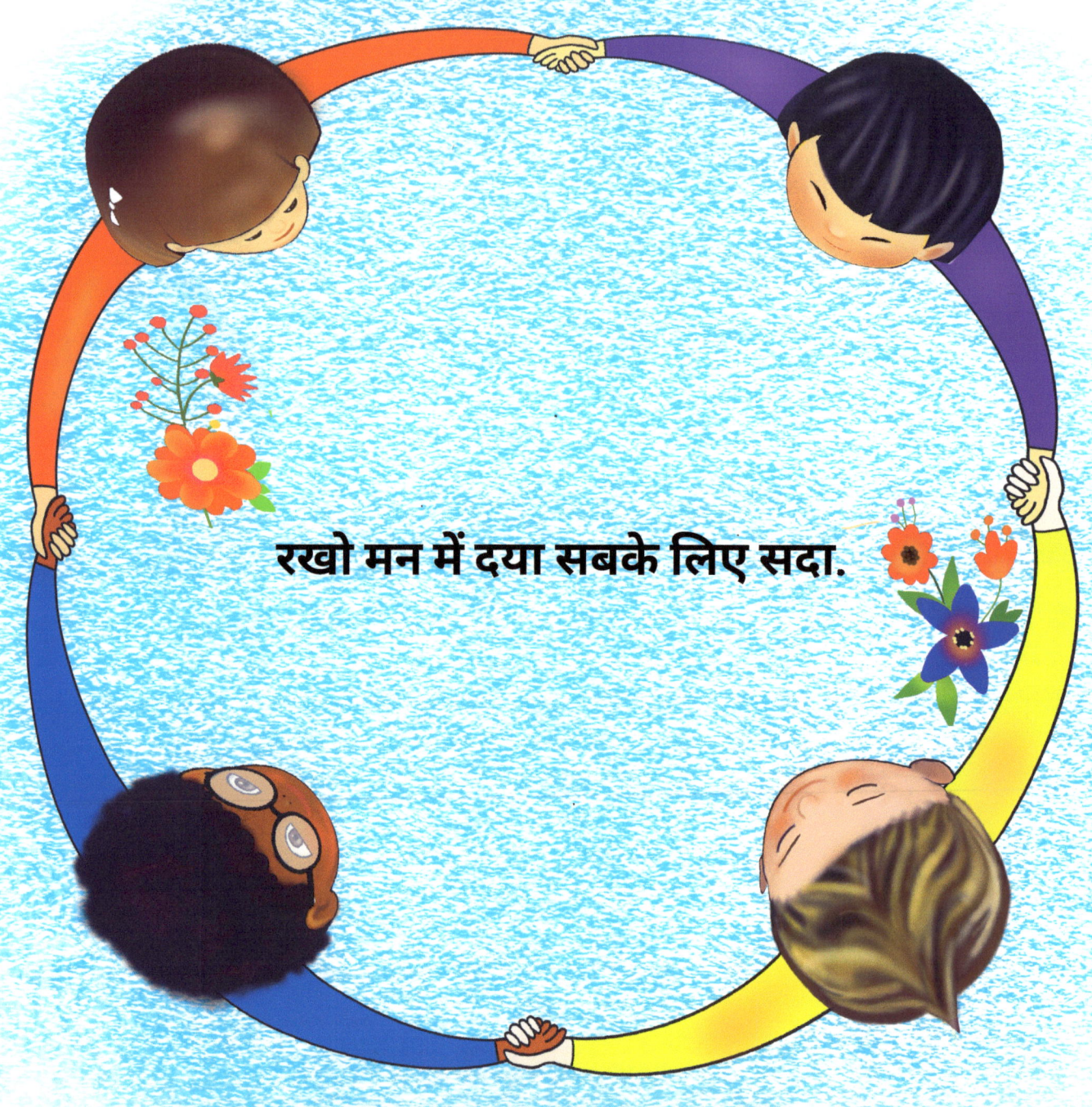

क्यूंकि ये वही हैं जिन्होंने बनाया तुम्हे सबसे अलहदा.

तो फिर, ठीक है जो तुम अलग हो.

ठीक है जो तुम, तुम हो.

अलग होने के लिए ही बने हो तुम.

तुम होने के लिए ही बने हो **तुम**.

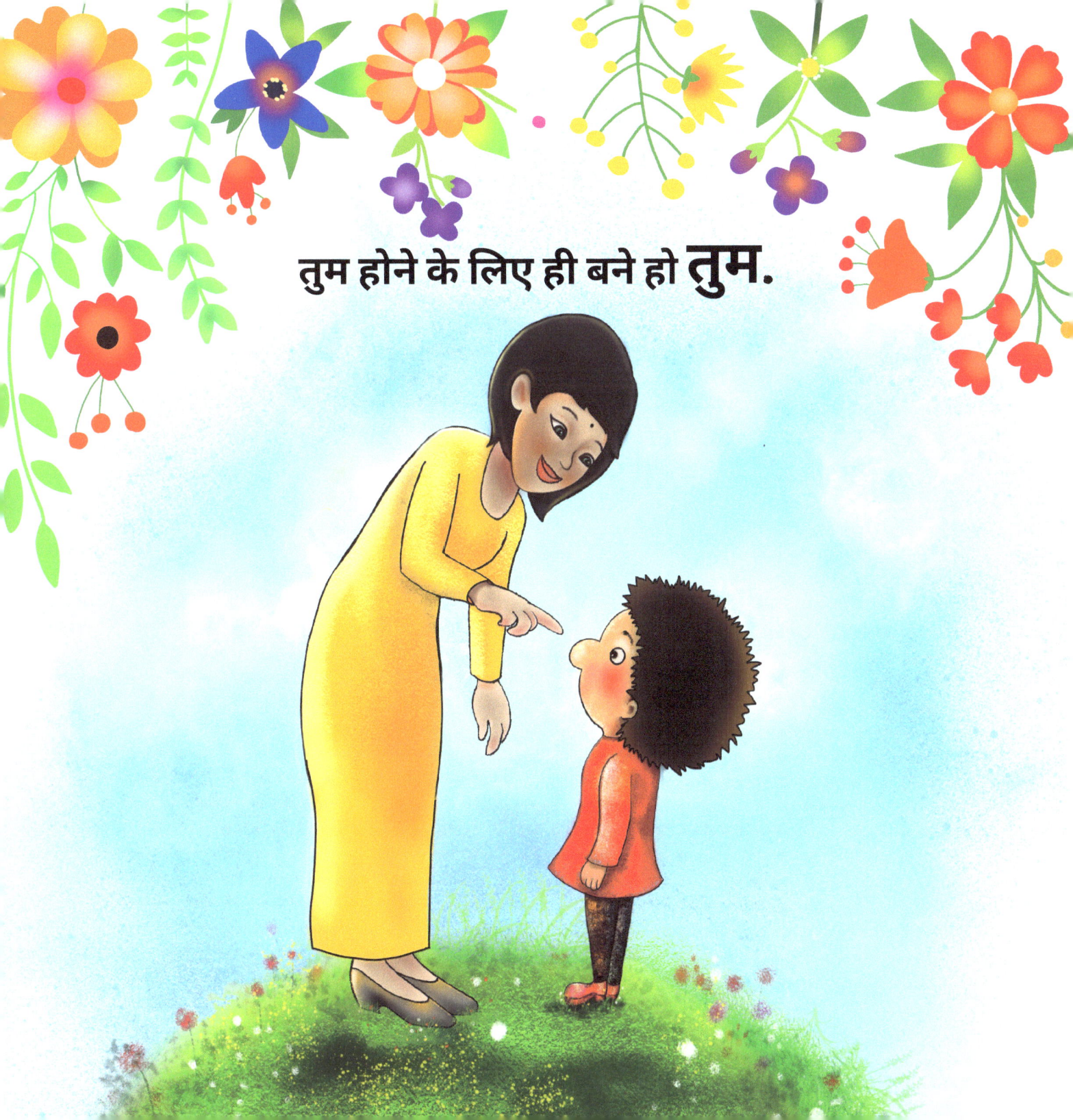

अलग होना गलत नहीं

अपने से अलग किसी को देखा है तुमने ?

तुमने अंतर जो पाए, शायद उसने भी माने !

अलग है तुमसे ऐसा क्या है उनमें?

दया जो दिखाना चाहो उन्हें, होगा कैसे, ये तो जानें ?

यह कभी ना भूलो कि
तुम कितने अद्वितीय हो!

शेरोन पुर्तिल

भी उपलब्ध

It's OK to be Different
WRITTEN BY
SHARON PURTILL
ILLUSTRATED BY
SUJATA SAHA

Está BIEN ser diferente
ESCRITO POR
SHARON PURTILL
ILUSTRADO POR
SUJATA SAHA

Es ist okay, ANDERS zu sein
SHARON PURTILL
SUJATA SAHA

Être différent
c'est merveilleux.
Écrit par
SHARON PURTILL
Illustrations de
SUJATA SAHA

www.ingramcontent.com/pod-product-compliance
Lightning Source LLC
Chambersburg PA
CBHW041100070526
44579CB00002B/22
* 9 7 8 1 9 9 0 4 6 9 1 2 1 *